人生の目的を探《さぐ》る旅

What on earth am I here for?

リック・ウォレン著

Rick Warren

パーパス・ドリブン・ジャパン

目次

はじめに

この本をあなたに捧げます。

あなたが生まれる前から、神はあなたの人生にこの瞬間を計画しておられました。あなたが今、この本を手にしているのは偶然ではありません。

神の願っておられること、それはあなたが、あなたのために計画された人生――それはこの地上だけではなく、永遠へと続いていくものです――を見出すことなのです。

「キリストにあってのみ、私たちは自分が何者なのか、また何のために生きているのかを知ることができます。私たちが最初にキリストについて聞くはるか昔から、……主は私たちに目を留め、私たちのために輝かしい人生を用意しておられました。

すなわち、あらゆる事柄の中に、また、すべての人のうちに働いておられる主の大いなる目的の一部を、私たちが担うようにと計画しておられたのです」

（エペソ1・11 Msg）。

私の人生に大きな影響を与え、これらの真理について教えてくれた何百もの古典、そして現代の著作家と教師たちに心からの感謝を捧げます。また、あなたにその真理を分かち合う特権を与えてくださった神に、そしてあなたに感謝を捧げます。

サドルバック教会牧師　リック・ウォレン

聖書の引用について

本書には、100 箇所近い聖書からの引用があります。以下に示す通り、さまざまな翻訳の聖書を意図的に使用していますが、これには２つの大切な理由があります。

第１に、たとえどんなに優れた翻訳であっても、そこには限界があるということです。聖書はもともと、ヘブル語、アラム語、ギリシャ語で書かれましたが、一つの翻訳だけでは、細かいニュアンスや言葉の背後にある意味を汲み取ることは困難になります。ですから、さまざまな翻訳を比較することで、その意味がよりはっきりしてくるのです。

第２に、よく知られている聖書箇所の場合、その言葉の十分な意味合いを見落としてしまうということがしばしば起こります。これは翻訳に問題があるからではなく、その聖書の言葉があまりにも耳になじんでしまっているからなのです。ですから、神の真理を新鮮な気持ちで読んでいただくために、あえてさまざまな翻訳を使いました。

聖書の引用は以下の通りです。

CEV Contemporary English Version, New York: American Bible Society (1995)
GWT God's Word Translation, Grand Rapids: World Publishing, Inc. (1995)
LB Living Bible, Wheaton, IL: Tyndale House Publishers (1979)
Msg The Message, Colorado Springs: Navpress (1993)
NASB New American Standard Bible, Anaheim, CA: Foundation Press (1973)
NCV New Century Version, Dallas: Word Bibles (1991)
NIV New International Version, Colorado Springs: International Bible Society (1978, 1984)
NLT New Living Translation, Wheaton, IL: Tyndale House Publishers (1996)
TEV Today's English Version, New York: American Bible Society (1992)

人生の目的を探《さぐ》る旅

第1章　すべての始まり

人生はあなたが中心ではありません。

人生の目的は、個人的な達成感、心の平安、幸福などよりもはるかに偉大なものです。それは、あなたの家族や仕事、あるいは夢や野心などよりもずっと偉大なものです。なぜこの地上に存在しているのかを知りたいなら、自分を超えた偉大な存在、すなわち「神」から始めなければなりません。あなたは、神の目的に従って、しかもその目的のために造られたのです。

「人生の目的」というテーマは、何千年にもわたって人々の悩みの種となってきました。その理由は多くの場合、私たちが間違った出発点、すなわち「自分」から出発してしまうことによります。「私は何になりたいのか」「私は人生で何を成し遂げるべきか」「私の目標は」「私の願いは」「私の夢は」といったように、質問の中心にはいつでも「自分」が居座っているのです。しかし、自分を中心にして考えていても、人生の目的は決して見えてきません。聖書にはこう書かれています。**「すべて息あるものを支配しておられるお方、それは神である。すべて命あるものは、神の力強い御手の中にある」（ヨブ12・10　TEV）。**

広く一般に受け入れられている本や映画、セミナーなどで教えられていることとは反対に、どんなに自分の内側を探ってみても人生の目的は見えてきません。そのようなことは、もうすでに試されたかもしれません。あなたは自分で自分を造ったわけではありませんから、自分が何のために造られたのか分からないのは当然なのです。たとえば、ここにいまだかつて見たこともないような発明品があったとします。あなたはその使用目的を知らないでしょうし、その発明品自体がその目的を教えてくれるわけでもありません。発案者、あるいは取扱説明書だけがその目的を明らかにすることができるのです。

以前、山で道に迷ったことがあります。途中、キャンプ場への行き方を尋ねてみたところ、「ここからそのキャンプ場へは行けませんよ。山の反対側から出発しないと」という返事が返ってきました。同じように、「自分」という間違った出発点から出発していたのでは、人生の目的にたどり着くことはできません。正しい出発点、それはあなたを造られたお方である「創造主なる神」です。あなたが今、こうして存在しているのは、神がそう願われたからなのです。あなたは神によって、神のために造られました。このことが理解できるまで、人生は決して意味あるものとはなりません。私たちが、自分の起源、アイデンティティ、意味、目的、重要性、そして行き先を見出すのは、この神にあってなのです。

多くの人たちは、自己実現のために「神」を利用しようとします。「魔法のランプの精」か何かのように、神を自分の願いを実現させるための「召使い」のように考えたがるのです。しかし、それは自然の理に逆らうことであり、失敗に終わるのは目に見えています。あなたが神のために造られたのであって、その逆ではありません。人生とは、神の目的のために自分を用いていただくことであって、神を自分の目的のために利用することではないのです。聖書は言っています。「自分に固執していると、やがて行き詰まることになる。しかし、神を仰ぎ見ていれば、開放的で、広々とした、自由な人生が目の前に開けてくるのである」(ローマ8・6 Msg)。

私はこれまでに、「人生の目的を発見する」といった類の本を何冊も読んできました。これらはすべて、「自己啓発」に分類される本で、どれも「自分」を中心とした視点で書かれています。この種の自己啓発書においては、しばしば「人生の目的を発見するためのステップ」のようなものが紹介されます。たとえば、「自分の夢を思い描く」「自分の得意分野を見極める」「価値観を明確にする」「具体的な目標を設定する」「高い目標を掲げる」「自分にはできると信じる」「研鑽を積む」「決してあきらめない」等々です。

もちろん、これらの提案はみな良いものであり、それによって大きな成功を収めるということもあるでしょう。心に固く決意するなら、たいていの場合はその目標を達成することができるかもしれません。しかし、成功を収めることと、人生の目的を達成することとは決して同じではありません。個人的な目標をすべて達成し、人もうらやむような成功を手にしてもなお、神があなたを造られたその目的から外れているということもあり得るのです。私たちが必要としているのは、単なる「自己啓発的なアドバイス」以上のものです。イエス・キリストは言われました。**「自己啓発は、実際のところ助けにはなりません。本当の自分を見出すための方法は、自己犠牲という生き方にあるのです。そして、これこそが本来の生き方であり、わたしの道にほかなりません」**（マタイ16・25 Msg）。

この本は、自分に合った職業を見つける方法や、自分の夢を実現させる方法、あるいは人生設計の描き方を紹介するものではありません。どうしたら、現在の過密スケジュールに、さらに多くの活動を盛り込めるのかを伝授しようというのでもありません。むしろ、分刻みのスケジュールをもっとシンプルにするにはどうしたらよいかを明らかにするものです。事実、自分の生きる目的が分かるようになると、本当に大切な事柄とそうでない事柄の区別が明確になり、生活がシンプルになっていくのです。本書のテーマ、それは「神が自分を造られた目的を知り、その目的に生きること」です。

それでは、どうしたら自分の造られた目的が分かるのでしょうか。選択肢は2つしかありません。最初の選択肢は「**思索**《しさく》（推測）」です。たいていの人は、この方法を選ぶでしょう。推測し、ある考えがひらめいたら、それを理論化するのです。「私はいつも、人生とは……だと考えてきました」と人々が言うとき、その実際の意味は「私の考える限り、これが最善の推測の結果です」ということなのです。

人生の意味については、何千年にもわたって、偉大な哲学者たちが議論と思索を重ねてきました。哲学は重要な学問であり、有用なものですが、人生の意味を規定するということになると、たとえ頭脳明晰と言われる哲学者であっても、憶測の域を出ることはないのです。

ノースイースタン・イリノイ大学の哲学教授であるヒュー・ムアヘッド博士は、世界中の著名な哲学者、科学者、著作家、知識人ら250人に手紙を書き、次のような質問をしました。「人生の意味とは何でしょうか」。そして、彼らの答えを一冊の本にまとめました。ある人はその人なりの最善の見解を提供し、ある人は思いつきに頼らざるを得なかったことを認め、またあ

る人は正直に全く見当もつかないと答えたそうです。それどころか、多くの知識人たちが、もし人生の目的が分かったら教えてほしい、という返事を書いてきたと言います。

幸いなことに、思索と推測によって人生の意味と目的を探るよりも、もっと良い方法があります。ある発明品の目的を知るための最も簡単な方法は、その発案者に直接尋ねることです。人生の目的を知る方法も同様です。私たちは、神が「聖書」を通して人生について明らかにしておられる事柄に目を向けることができるのです。推測にまさる方法、それは「啓示《けいじ》」によって人生の意味を知るという方法です。

神は私たちを、憶測と思い込みという暗闇の中に取り残されたわけではありません。神は聖書を通してはっきりと、人生の目的を明らかにしておられます。聖書は人生の取扱説明書であり、そこには、私たちの生きる理由、人生のからくり、避けるべきこと、将来に何を期待すべきかなどが説明されています。自己啓発書や哲学の本によっては知ることのできないようなことが教えられているのです。

「神の知恵は、……神の目的の深遠にまで及んでいます。……それは新しいというよりも、最も古くからある教えであって、神が、私たちのうちから最高のものを引き出す方法とみなしておられるものなのです」（Iコリント2・7 Msg）。

神はあなたの人生の出発点であるというだけでなく、人生の源です。人生の目的を見出すためには、世の中の知恵にではなく、神のみことばに耳を傾けなければなりません。人生は、流行《はや》りの心理学や成功哲学や気の利いた寓話《ぐうわ》の上にではなく、永遠の真理という土台の上に建て上げていかなければならないものです。

聖書は言っています。「キリストにあってのみ、私たちは自分が何者なのか、また何のために生きているのかを知ることができます。私たちが最初にキリストについて聞くはるか昔から、……主は私たちに目を留め、私たちのために輝かしい人生を用意しておられました。すなわち、あらゆる事柄の中に、またすべての人のうちに働いておられる主の大いなる目的の一部を、私たちが担うようにと計画しておられたのです」（エペソ1・11 Msg）。この箇所から、私たちは人生の目的について3つのことを学ぶことができます。

①あなたのアイデンティティと人生の目的は、イエス・キリストとの個人的な関係を通して見出されるものです。まだそのような関係を持っておられないという方のために、どのようにその関係を始めることができるのかを後ほどご説明しましょう。

②神は、あなたが神について考えるようになるはるか昔から、あなたのことを考えておられました。事の始まりは、母親があなたを身ごもる前にまでさかのぼります。あなたが存在するようになる以前に、あなたの意識外のところで計画が立てられました。あなたは、自分の仕事や配偶者、趣味、その他様々な事柄を選択することができるかもしれませんが、人生の目的を自分で選ぶ（決める）ことはできないのです。

③あなたの人生の目的は、測り知れないほど遠大な、宇宙大の目的と合致するものです。神によってデザインされたこの目的は、永遠の目的です。これこ

そ、本書で取り上げているテーマです。

ロシアの小説家、アンドレイ・ビトフは、無神論の共産主義国で育ちました。それは、ある物寂しい陰鬱《いんうつ》な日のことでした。神が彼の心を捕らえたのです。彼は当時のことを次のように回想しています。「当時27歳だった私は、レニングラード（現在のサンクトペテルブルグ）で地下鉄に乗っていたのですが、失望があまりにひどく、何か押しつぶされてしまいそうで、人生が今すぐにでも止まってしまうかのように感じていました。将来なんて、あってないようなものでしたし、人生に何の意味も見出せずにいたのです。すると突然、**神がおられないなら人生には何の意味もない**、というフレーズが現れたのです。驚きながら、そのフレーズを何度も頭の中で繰り返しているうちに、私はその言葉に乗って、あたかもエスカレーターを上っていくかのように、地下鉄を出て神の光に向かって歩き出していたのです」

あなたは、人生の目的など分かるはずもないと思ってこられたかもしれません。

けれども喜んでください。あなたは今、まさに光に向かって歩き出そうとしているのです。

熟考するポイント

もし神がいないとするなら、すべては偶然の産物であり、人生には意味も目的も存在しないことになります。すべては神から始まるのです。

【考えてみましょう】

① あなたはこれまでに、自分の人生の目的について考えたり、悩んだりしたことはありますか。

② 人生の目的を知るために、あなたがかつて試してみた方法にはどのようなものがありますか。その結果、どんなことが分かりましたか。

③　多くの人は、神を抜きにして自分の生きる目的を探ろうとしますが、それはどうしてだと思いますか。

第2章　あなたは偶然に存在しているのではない

あなたは偶然に存在しているのではありません。

あなたが生まれてきたのは、何かの間違いでも、不運にして不幸な出来事でも、自然のいたずらによるのでもありません。たとえあなたの両親が、「あなたが生まれたのは予定外だった」と思っていたとしても、神にとってはそうではありませんでした。神は、人間の過ちや失敗さえ用いられるお方です。神はあなたの誕生を驚くどころか、心待ちにしておられたのです。

あなたが母親の胎内に宿るずっと以前から、神はあなたのことを心に思い描いておられました。他のだれよりも先に、まず神があなたのことを考えておられたのです。今、あなたがこうして息をしているということは、宿命によるのでも、何かのめぐり合わせでも、運が良かったからでも、偶然の一致によるのでもあ

りません。あなたが生きているのは、神があなたを造ろうと願われたからなので
す。聖書は言っています。「主（神）は、私に対するご自分の目的を果たされる」（詩
篇138・8 NIV）。
神は、あなたの体全体を事細かに設計されました。神は、あなたの人種、肌の
色、髪の毛の色、その他すべての特徴を慎重に決定されました。神はご自分の心
に願われた通りに、あなたの体をオーダーメイドで造られたのです。また、それ
と同時にあなたの生まれながらの才能とユニークな人格をも決定されました。聖
書は言っています。「あなた（神）は、私の内側も外側もすべて知っておられ、私の
体を組み立てている骨々をみなご存じです。あなたは私の成り立ちを事細かく正確
に知っておられ、どのように生まれてきたのかをも知っておられます」（詩篇139・
15 Msg）。
神は、ある目的を持ってあなたを造られました。ですから、いつあなたが生まれ、
どのくらい生きるのかということについても決めておられるのです。神は、誕生
と臨終の正確な時間を含めて、あなたの人生のすべての日々を前もって計画され

ました。聖書は言っています。「あなた（神）は、私が生まれる前から私をご覧になっておられ、私がまだ呼吸を始めないうちに、私の生涯一日一日のスケジュールを作られました。そして、そのすべてがあなたの書物に記録されました」（詩篇 139・16 LB）。

神はまた、あなたがどこで生まれ、どこに住むのかを計画されました。あなたが今の人種、国籍になったのは偶然によるのではありません。神は、どんなに細かい事柄についても、なりゆき任せにはなさいませんでした。神は、いっさいのものをご自分の目的に基づいて計画されたのです。聖書によれば、「一人の人からすべての国々を造り、……それぞれの時代を定め、どこに彼らが住むのかについても正確に定められた」（使徒17・26 NIV）のです。神は、あなたの人生を勝手気ままに決定されたのではありません。すべてが一つの目的に従って定められたのです。

最も驚くべきことは、あなたがどのように生まれてくるのかについても、神はあらかじめ決めておられたということです。あなたの境遇やあなたの両親にかかわりなく、神は確かなご計画に基づいてあなたを造られました。たとえあなたの両親が親の務めを果たさず、無関心であったとしてもです。神は、心に決めた通りの「あなた」をお造りになる際に、あなたの親となる人がそれにちょうどふさわしい遺伝的成分を持っていることを知っておられました。彼らは神が望まれたそのＤＮＡを持っていたということなのです。非合法の親というのはあり得ますが、生まれてきた子どもに非合法も何もありません。ある子どもは、望まれない子として生まれてきます。しかし、神にとってはそうではありません。

神は、人間の失敗や罪さえもそのご計画の中に含めておられます。これは、神が罪をそそのかしたり、悪を黙認される、という意味ではありません。そうではなく、どのような状況や出来事でさえ、神はそれを益と変えてくださる、ということなのです。

どのように生まれついたとしても、神が造られたありのままの自分をそのまま受け入れ、喜ぶことができます。神は気まぐれには何もなさいませんし、ましてや間違いを犯されることもありません。神がお造りになったすべてのものには意味があります。あらゆる動植物を、神はそのご計画に従ってお造りになり、またすべての人間をその目的に従ってデザインされました。神があなたをお造りになったのは、ただ神の愛によるのです。聖書は言っています。**「地球の土台が据えられるはるか昔から、神は私たちに心を留め、私たちをご自分の愛の対象とされたのである」**（エペソ1・4 Msg）。

神は、この世界を創造される前からあなたのことを考えておられました。事実、神は私たちのためにこの世界を創造されたのです。神はこの地球を、私たちがそこに住めるようにデザインされました。私たちは神の愛の中心にあり、すべての被造物の中で最も尊い存在とされているのです。聖書は言っています。**「神は、真理のみことばを通して私たちに命を与えようと決意されました。それは、私たちがすべての被造物の中で最も尊い存在となるためです」**（ヤコブ1・18 NCV）。これほどまでに、神はあなたのことを愛し、大切に思ってくださっているのです。

神は、でたらめにではなく、驚くほどの精密さをもってこの世界をデザインされました。物理学者や生物学者、その他の科学者らによる研究が進むにつれて、この宇宙がどれほど人間の生存に適した環境を備え、また細部に至るまで正確に設計されているかが明らかになってきています。

ニュージーランドにあるオタゴ大学の人間分子遺伝学の研究所長であるマイケル・デントン博士は、次のように結論づけています。「生物学において有効とされているあらゆる証拠が、次のような核心的主張を支持している。……すなわち、宇宙というものは特別にデザインされた統一体であって、人類をはじめとするあらゆる生命体こそが、全宇宙の根本的な目標であり目的であるということである。そして、現実のあらゆる側面は、以上のような中心的事実によって、その一つ一つの意味が説明されるのである」。これと同じことを、聖書は何千年も前に述べています。「**神がこの地を形造られた。……神はそれを無人島としてではなく、人を住まわせる場所として創造されたのである**」（イザヤ45・18　GWT）。

なぜ神はこのようなことをされたのでしょうか。どうして神は、わざわざ私たちのためにこの宇宙を創造されたのでしょうか。その理由を最も適切に表現する言葉があります。それは愛です。このような愛は理解しがたいものかもしれません。しかし、確かに信頼できるものです。あなたは、神の愛を受けるべき特別な対象として造られました（Ⅰヨハネ3・2）。このことは、人生の基盤とすべき大切な真理です。

聖書は言っています。「神は愛です」（Ⅰヨハネ4・8）。神は愛を持っている、というのではありません。神は愛そのものである、というのです。愛こそ、神のご性質の中心をなすものです。神は完全であり、ご自分のうちですべての必要を満たしておられるお方です。ですから、強《し》いてあなたや私を造る必要はありませんでした。神は寂しい思いをしておられたわけではなかったのです。けれども、神はその愛を与えるために、あなたを造りたいと思われました。神は言われます。「あなたが生まれたときから、わたしはずっとあなたを導いてきた。あなたが誕生した瞬間から、わたしはあなたの面倒を見てきた。あなたが年を取ってからも、わたしの態度は決して変わらない。あなたが白髪《しらが》になっても、わたしはあなたの世話をしよう。わたしがあなたを造ったのだから、わたしがあなたの面倒を見よう」（イザヤ46・3―4　NCV）。

もし神がおられないとしたら、私たちはみな、偶然の産物――宇宙における天文学的数値の無作為による偶然の産物――ということになります。この本を読むのはやめた方がいいでしょう。人生には意味も目的も重要性もないのですから。何が正しくて、何が間違っているのかと問うことにも意味がなくなります。この地上で過ごす短い年月の中にしか希望が見出せなくなるのです。

しかし、理由があってあなたを造られた神がおられます。あなたの人生には深い意味があるのです。私たちは、神を人生の判断基準に据えるときにはじめて、人生の意味と目的を見出すことができるのです。「自分自身を理解するための唯一にして最も確かな方法は、神がどのようなお方であって、私たちのために何をしてくださるお方なのかを知ることです」（ローマ12・3　Msg）。

熟考するポイント

あなたは偶然に存在しているのではありません。

〔考えてみましょう〕

① これまでの人生の中で、自分が何か特別な目的のために造られたのではないかと思わせるような出来事には、どのようなものがありましたか。

② あなたはこれまでに、神の深い愛を個人的に実感したことはありますか。

③ 神があなたを愛しておられ、あなたの人生に目的を持っておられるということを、日々確信して生きることができるようになったら、あなたの人生はどのように変わると思いますか。

第3章　あなたの人生を動かしているものは何か

人はみな、何かに動かされて生きているものです。

たいていの辞書は、「ドライブ（Drive）」という動詞を、「導く、コントロールする、指示を与える」と定義しています。たとえば、車を運転する、釘を打つ、ゴルフボールを打つ、などと言うとき、あなたはそれを導き、コントロールし、指示を与えているわけです。それでは、あなたの人生の原動力となっているものは何でしょうか。

今、あなたは、直面している問題、プレッシャー、あるいは何かの締め切りに追い立てられているかもしれません。あるいは、痛ましい記憶、恐ろしい経験、無意識のうちに形成されてきた信念といったものに駆り立てられて生きているかもしれません。人を駆り立て、その人生を動かす要因となっているものには、さまざまな環境、価値観、感情があります。最も一般的な5つのものを挙げてみましょう。

❶ 多くの人は、罪責感《ざいせきかん》に駆《か》り立てられて生きている

彼らは、後悔から逃れ、またその恥ずかしさを隠すために人生の大半を費やしています。罪意識に駆られて生きている人たちは、特定の思い出に支配されてしまっています。過去の出来事に自分の未来をコントロールさせてしまっているのです。そして、自分の成功を台無しにすることで、無意識のうちに自分自身に罰を与えてしまうのです。旧約聖書の創世記4章に登場するカインは、自分の弟を殺してしまい、その罪責感のゆえに神から遠ざかってしまいました。そこで神は言われました。「**あなたは、この地上をさまよい歩くことになるだろう**」（創世記4・12 NIV）。このことは、今日の大部分の人に当てはまることでしょう。多くの人が、生きる目的を見失ったまま、人生をさまよい歩いているのです。

私たちはみな、自分の過去と無縁ではいられませんが、その虜になる必要はあ

りません。神の目的は、私たちの過去によって制限されることはありません。神は、モーセという殺人犯を思いやりに満ちた指導者に、ギデオンという臆病者を勇者へと変えられました。そして神は、あなたの残りの人生においても驚くべきことをしてくださるのです。神は、人々に新しい出発をお与えになる専門家です。聖書は言っています。**「何と幸いなことだろう。その罪を赦された人たち。……その罪を告白し、神がその記録を消し去ってくださった人たちの何という安堵感《あんどかん》」**（詩篇32・1 LB）。

❷ 多くの人は、怒りと憤りに駆り立てられて生きている

彼らは、痛みを握り締め、決してそれを乗り越えることがありません。赦すことによってその痛みを手放す代わりに、心の中でそのことを繰り返し考えてしまうのです。怒りに駆り立てられて生きている人たちは、「黙り込む」ことによって、その怒りを心の中に蓄積させるか、「爆発させる」ことによって、それを他人にぶつけてしまいます。どちらも不健全で、効果の上がらない反応の仕方です。怒

りというのは、あなたが腹を立てているその相手以上に、あなた自身を傷つけてしまうものなのです。あなたが怒りを募らせる一方で、あなたを攻撃したその人は、そんなことなど忘れていつも通りの生活を送っていることでしょう。結局、その過去の痛みの中にとどまり続けるのは、あなた自身なのです。

よく聞いてください。あなたが自分の心の痛みに執着するのをやめない限り、あなたはいつまでもその人から傷つけられることになるのです。過去は過去です。すでに起こってしまったことを変えることはできません。苦々しい思いによって傷つくのは、他ならぬあなた自身なのです。どうか自分を思いやり、その怒りを手放してください。聖書は言っています。**「怒りを溜《た》め込んで、死ぬほど思い煩うのは、愚かで、馬鹿げたことだ」**（ヨブ5・2　TEV）。

③ 多くの人は、恐れに駆り立てられて生きている

人が心に抱く恐れというのは、過去に受けた心の傷や、非現実的な期待、厳格な家庭環境で育てられたこと、あるいは遺伝的傾向から来ている場合もあります。

原因が何であれ、恐れに駆られて生きている人たちというのは、しばしばチャンスを見逃してしまう傾向があります。というのは、何か新しいことに挑戦するのを恐れて、尻込みしてしまうからです。その代わりに彼らは安全策を講じ、リスクを取らず、現状維持に終始してしまうのです。

恐れとは、神が意図しておられる自分になることを妨げる、自分で作り出した牢獄のようなものです。この「恐れ」に打ち勝つには、信仰と愛という霊的な武器を身につけて対抗する以外にありません。聖書は言っています。**「成長した愛は、恐れを締め出します。恐れは人を不自由にするため、恐れ――死に対する恐れ、裁きに対する恐れ――に満ちた人生は、愛において十分に成長することがないのです」**（Ⅰヨハネ4・18　Msg）。

❹多くの人は、物質主義に駆り立てられて生きている

何かを手に入れることこそ、彼らの人生の望みであり目標です。飽くことを知らないこの衝動は、より多く手に入れれば、もっと幸せになり、もっと偉くなり、

もっと安心できるだろうという誤解に基づいています。しかし、これは真実ではありません。何かを所有することでは、一時的な幸福しか得られないのです。物には変化がないので、私たちはすぐに飽きてしまい、もっと新しくて、もっと大きな、そして最新式のものが欲しくなるからです。

「もっと多く手に入れれば、もっと立派な人間になれるだろう」という考え方も、また神話に過ぎません。自己価値は、所有財産の価値とは全く別のものです。あなたという人間の価値は、あなたの所有物によって決まるのではありません。神は、人生において最も価値あるものは物ではないと明言しておられます。

お金に関してよくある考え方の一つに、「もっとお金があれば、もっと安心して暮らせるだろう」というものがありますが、これもまた迷信です。富というものは、コントロールできないさまざまな要因によって、突然消えてなくなってしまうものです。本当の安心は、

決してなくなることのないものに見出されるべきです。決してなくならないもの――それは永遠の神との関係です。

❺ 多くの人は、認められたいという願望に駆り立てられて生きている

多くの人は、両親や配偶者、子ども、先生、友人の期待に応えようとするあまり、彼らに自分の人生をコントロールさせてしまっています。いまだ喜ばせることができずにいる両親に受け入れてもらおうと、成人してもなお親に認めてもらうために必死になっている人もいるでしょう。また、同輩や同僚からのプレッシャーに悩まされ、いつも人にどう思われているかを気にしている人もいます。しかし不幸なことに、長いものに巻かれていこうとする人たちは、たいていその中で自分を見失うようになるのです。

成功の秘訣をすべて知っているわけではありませんが、失敗の「秘訣」を一つ挙げるとすれば、それは「すべての人を喜ばせようとする」ことでしょう。人の意見に振り回されていると、間違いなく神の目的を見失うことになります。イエ

スはこう言われました。「人はだれでも、2人の主人に仕えることはできないのです」（マタイ6・24　NIV）。

この他にも、あなたの人生を行き詰らせてしまう要因がありますが、それらはみな、あなたを不毛な人生――潜在能力が埋もれたまま開発されずにいること、余計なストレスを抱え込むこと、満たされない毎日を過ごすこと――へと追いやってしまうのです。

ですから、自分の生きる目的を見出すこと以上に大切なことはありません。それを知らずに、他の何かで埋め合わせることはできないのです。成功も、富も、名声も、その他のどんな楽しみも、それに取って代わることはできません。目的のない人生は、意味のない単なる運動、方向の定まらない活動、理由もなく行われるイベントのようなものです。目的がなければ、人生は無意味で、取るに足りない、的外れなものとなってしまうのです。

この本のねらいは、あなたに「人生の5つの目的」をご紹介することです。しかしその前に、**目的に導かれて生きることの5つの利点**を見ていきましょう。

❶目的が分かると、人生に意味が与えられる

私たちは意味のある存在として造られました。それゆえ、人々は星占いや霊媒などといった疑わしい方法によってでも、それを見出そうとするのです。人生に意味があるなら、人はたいていのことには我慢できるものです。しかし、意味を見出せないことには耐えられないのです。

神を抜きにして、人生に目的を見出すことはできません。また、目的が分からなければ、人生に意味を見出すことはできません。そして、意味を見出せなければ、生きがいや希望を持って生きていくことはできないのです。聖書は、この希望のない状態を次のように表現しています。イザヤはこう言ってつぶやきました。「**私は意味もなく労苦し、いたずらに、わけも分からずに自分の力を使い果たしてしまった**」(イザヤ49・4 NIV)。また、ヨブはこう語っています。「**私の人生はむなしく過**

ぎ去り、希望のない毎日の連続です」(ヨブ7・6 LB)。「私はあきらめました。生きるのに疲れました。もう放っておいてください。私の人生に意味などないのですから」(ヨブ7・16 TEV)。人生最大の悲劇とは、死ぬことではありません。目的のない人生ほど、人を苦しめるものはないのです。

次の言葉は、ある20代の若い男性の告白です。「私は敗残者のようだ。何者かになろうと努力をしてはいるものの、何を目指せばよいのかさっぱり分からない。分かっていることと言えば、何となくその日をやり過ごしているということだけだ。もし、いつの日か自分の生きる目的を見出すことでもあれば、生きているという実感が湧くのだろうが……」

希望は、水や空気のように生きていくために欠かせないものです。人生に立ち向かうためには、どうしても希望が必要です。バーニー・シーゲル博士は、自分のガン患者に「あなたは100歳まで生きたいですか」という質問をすることによって、ガンの症状が改善するのはだれか、ある程度予測がつくと言っています。調査の結果、はいと答えたのは、人生の目的をしっかりと認識していた人たちでした。そして、そういう人たちほど、生きながらえる傾向にあったと言っています。希望は、目的を見出すことによって得られるものなのです。

たとえ、希望などないように感じていたとしても、決してあきらめないでください。目的に従って歩みはじめるとき、あなたの人生にも素晴らしい変化が起こります。神は約束しておられます。「わたしはあなたがたのために立てている計画をよく知っている。……それは、あなたがたの益となる計画であって、あなたがたを痛めつけるものではない。わたしは、あなたがたに希望を、そして素晴らしい将来を与えよう」(エレミヤ29・11 NCV)。あなたは絶体絶命の危機的な状況に直面しているかもしれません。しかし聖書は言っています。「神には……私たちがあえて尋ねたり、夢に思い描いたりすることもないようなことさえ可能なのです。それは、私たちの最も崇高《すうこう》な祈り、願い、考え、そして希望をもはるかに超えたものなのです」(エペソ3・20 LB)。

❷目的が分かると、人生はもっとシンプルになる

目的が分かると、自分のなすべきこととそうでないことがはっきりしてきます。自分の生きる目的が明確になると、それが人生の判断基準となって、必要な活動とそうでないものを見分けることができるようになるのです。単純に、こう質問してみてください。「今していることは、神が私の人生に与えておられる目的を実現することにつながるだろうか」

はっきりとした目的がなければ、どのように決断し、限られた時間や資源をどう用いればよいのか、その決め手となる土台を欠くことになります。その場合、置かれた状況や周囲のプレッシャーに急《せ》かされて、その時の気分で決断してしまうことになるでしょう。目的を知らずに生きている人たちは、たくさんの仕事を抱え込んでしまう傾向にあります。それがストレスのもとになり、疲労や争いの原因となるのです。

人の期待に応えていたらきりがありません。あなたには、神の御心（私に対する神の意思）を行うのに必要な時間だけしか与えられていません。もし、それを

全部終わらせることができずにいるなら、それは神が意図しておられる以上のことをしようとしているからではないでしょうか。あるいは、それは何らかの形で時間を浪費してしまっているということかもしれません。目的に導かれた生き方は、よりシンプルなライフスタイルと健全なスケジュールを特徴としています。聖書は言っています。「うぬぼれた、人に見せびらかすような生き方は、中身のない空っぽな人生。明瞭で、シンプルな人生にこそ、本当の豊かさがある」（箴言13・7 Msg）。目的ある人生はまた、心の平安をもたらします。「主よ。あなたは自分の目的をしっかりと持ち、あなたに信頼する者にゆるぎない平安をお与えになります」（イザヤ26・3 TEV）。

❸目的が分かると、人生の焦点が定まる

自分の生きる目的が分かれば、自分の労力とエネルギーを本当に大切な事柄に集中させることができます。物事を正しく取捨選択していくことによって、仕事の効率が上がっていくのです。

どうでもよい事柄にとらわれて、本来の目的からそれてしまうのが人間の特徴です。私たちは、どうでもよいことを必死になって追いかけ回していることがあるのです。H・D・ソロー（1817―1862　アメリカの作家・思想家・詩人）は、人々が「静かな絶望の人生」を送っていると述べています。より今日的な表現で言うなら、「目的の定まらない混沌とした人生」といったところでしょうか。多くの人々は、あたかもジャイロスコープ（訳注・回転体の慣性を利用した装置）のように、どこへ行くあてもなく狂ったようなペースでひたすら回り続けているのです。

明確な目的がなければ、あなたは自分の進路や仕事、人間関係、教会といった外的な要因を常に取り替えていくことになるでしょう。あわよくば、そのような外的変化が混乱を収め、心のむなしさを解決してくれるものと期待するわけです。「きっと今度こそ違うはずだ」という淡い期待を抱いてはみるものの、人生の焦点が定まらずに目的を見失っているという現実を解決することにはならないのです。聖書は言っています。「浅はかで思慮に欠けた生き方をしてはなりません。主が願っておられることが理解できているかどうか、よく考えてみなさい」（エペソ5・

17 Msg)。

焦点を定めることの効果を、光を例に挙げて考えてみましょう。拡散した光にはわずかな力しかありませんが、その焦点を合わせることによって光のエネルギーを集中させることができます。虫メガネで太陽光線を集めると、草や紙に火をつけることができるのをご存じでしょう。さらに光を集中させると、レーザー光線のように鉄さえも切ることができるようになるのです。

目的に従った生き方、焦点の定まった人生ほど力強いものはありません。歴史上、偉業を成し遂げた人たちはみな、焦点の定まった生き方をしていました。使徒パウロがその良い例です。彼は、ほとんど一人でキリスト教を当時のローマ帝国全域に広めました。彼の人生の秘訣は、その焦点の定まった生き方にありました。彼は言っています。**「私は、自分のすべてのエネルギーをこの一事に集中させています。すなわち過去を忘れ、ひたすら未来に向かって進んでいるのです」**（ピリピ3・13 NLT）。あなたの人生はどうでしょうか？

影響力のある人生の秘訣は、焦点を定めた生き方にあります。だらだらと働くのをやめ、何もかもしようとするのをやめ、活動を減らし、良いと思われることさえもふるいにかけ、最も大切なことに集中するのです。活動を増やせば生産性も向上するというのは大きな誤解です。目的もなく忙しくしているということがありますが、それではポイントがずれています。パウロは言いました。**「私たちは、神が私たちに用意しておられるものをすべていただきたいと願っているのですから、その目標に焦点を合わせていこうではありませんか」**（ピリピ3・15　Msg）。

❹目的が分かると、人生にやる気が生まれる

目的は情熱を生み出します。明確な目的ほど、エネルギーの源となるものはありません。一方、情熱というものは、目的がなければ消え去ってしまいます。単にベッドから起き上がることさえ大仕事になってしまうのです。私たちが消耗し、気力や喜びを失ってしまう

のは、働き過ぎによるのではなく、意味のない仕事を続けることによってなのです。ジョージ・バーナード・ショー（1856―1950 アイルランドの劇作家・小説家）は、次のように語っています。「人生の真の喜びというのは、その偉大さを自ら納得している目的のために人生を使い切ることにある。その生き方は測り知れないほど大きな力を生む。一方、自己中心的で、この世界が自分の思い通りに進んでいかないと文句ばかり言って、自分のことしか考えていないような人は、結局堂々巡りを続け、ますます意固地になっていくのだ」

❺目的が分かると、永遠への準備が整う

多くの人は、この地上に末永く残る遺産を作ろうと一生懸命になっています。自分がこの世を去った後も、みんなに思い出してもらいたいというわけです。しかし、最も肝心なことは、人々があなたの人生をどう評価するかではなく、神が何と言われるかなのです。どんなに立派な貢献をしてもいつか忘れ去られ、記録は塗り替えられ、名声は消え去り、業績も人々の記憶から消えていくということ

を、多くの人は理解していません。かつて、テニスの大学生チャンピオンになることを目指している学生がいました。念願の優勝を果たした彼は、自分の優勝トロフィーが大学のキャビネットに飾られたことをとても自慢に思っていました。しかし、何年か後に、だれかがそのトロフィーを彼に送り返してきたというのです。学校が改装工事をした際に、そのトロフィーをゴミ箱で見つけたという話でした。彼はこう言っています。「何年か経てば、あなたのトロフィーもゴミ箱行きとなるのです」。確かにその通りです！

この地上に財産を残すために生きるのは、近視眼的な生き方です。もっと賢い時間の使い方は、永遠に残る遺産を築くために生きることです。あなたは人々に覚えてもらうために生きているのではありません。永遠への準備のために、今ここに生かされているのです。

私たちはみな、いつの日か、神の御前に立たされる時を迎えます。永遠に入る前に、そこで最終試験とも言うべき、人生の審査を受けることになります。聖書は言っています。「私たちはそれぞれ、個人的に神の裁きの御座に立たされることを覚えておきなさい。……そうです。私たちはみな、神に対して個人的に申し開きをしなければならないのです」(ローマ14・10―12 NLT)。幸いなことに、神は私たちがこの試験にパスすることを願っておられ、前もってその質問を教えてくださっています。聖書を通して、神は私たちに、次のとても大切な2つの質問をしておられます。

第1の質問は、「私のひとり子イエス・キリストに対して、あなたはどのような態度を取りましたか」というものです。神は、あなたの宗教的背景や教理的見解を尋ねておられるのではありません。ポイントは次の点にあります。あなたは、自分のために主イエスがしてくださったことを受け入れ、彼を愛し、信じましたか。主イエスは言われました。「わたしは道であり、真理であり、いのちなのです。わたしを通してでなければ、だれも天の父(神)のみもとに行くことはできません」(ヨハネ14・6 NIV)。神は、あなたが神の御子キリストを知り、彼を愛し、彼に信頼するようになることを願っておられます。このキリストを通してのみ、私たちは神がどのようなお方であるのかを知り、神の赦しと救いを受け取ることができるのです。

第2の質問は、「わたしがあなたに与えたものを、あなたはどのように活用しましたか」というものです。あなたは、与えられた人生をどのように活用したでしょうか。神があなたに与えてくださったすべての才能、機会、エネルギー、人間関係、資源をどのように用いたでしょうか。自分のために浪費してしまったでしょうか。それとも、神があなたを造られたその目的に従って、有効に活用したでしょうか。

これら2つの質問に備えるのが、本書の目的です。最初の質問は、あなたが永遠をどこで過ごすのか――神と共に過ごすのか、それとも永遠に神から引き離されるのか――を決定します。そして第2の質問は、あなたが永遠において何をするのか――天国におけるあなたの務めと報い――を決定します。本書を通して、その準備を整えることができるように願っています。

熟考するポイント

あなたの人生を動かしているものは何でしょうか。

〔考えてみましょう〕

① あなたの家族や友人は、あなたの人生の原動力となっているものを何だと考えているでしょうか。

② 多くの人が、自分の人生の目的が分からずに、何か他のものに駆り立てられて生きているのはなぜだと思いますか。

③ 神が計画された自分の目的に生きることを妨げている、心の傷、悩み、恐れ、悪習慣にはどのようなものがありますか。

第4章　永遠に生きる存在として造られた

この地上の人生だけがすべてではありません。

地上の人生は、本番前のリハーサルのようなものです。死の彼方にある永遠の世界で過ごす時の方がはるかに長いのです。地上の人生は、永遠への準備期間であり、予備校、試験期間、練習試合、本番前のウォーミング・アップのようなものです。地上の人生は、次の人生への準備なのです。

どんなに長生きしても、人がこの地上で過ごす年月は100年といったところでしょう。しかし、永遠という世界では、まさに「永遠に」生きることになるのです。トーマス・ブラウン卿《きょう》が言ったように、あなたがこの地上で過ごす時間というのは、「永遠においては短い挿入句」のようなものです。あなたは、永遠に生きる存在として造られたのです。

聖書は言っています。「神は、人の心に永遠への思いを植え付けられた」（伝道者3・11 NLT）。人はみな、永遠へのあこがれというものを、生まれつきの本能として持っています。これは、私たちが永遠に生きる存在として、神のかたちに似せて造られているからです。たとえ人はみないつか死ぬと分かっていても、死というものはどこか不自然で公平ではないように感じられるものです。人の魂は永遠に生き続けるはずだと思わずにはいられない理由は、神が私たちの心にそのような思いを植え込まれたからなのです。

いつの日か、あなたの心臓はその鼓動を停止するでしょう。そのことは、あなたの肉体とこの地上での人生が終わったことを意味しますが、それですべてが終わりなのではありません。地上におけるあなたの体は、あなたの霊（訳注・肉体と対比される人間の内的存在のこと）の一時的な住まいに過ぎません。聖書では、その地上の体は「テント」と呼ばれ、将来与えられる体は「家」と表現されています。聖書は言っています。「私たちが今住んでいるこのテント――私たちのこの地上の体――が壊れても、神は私たちの住む家――神が造られた永遠の天の住まい――を用意しておられるのです」（Ⅱコリント5・1　TEV）。

地上の人生にはたくさんの選択肢がありますが、永遠に関しては2つの選択肢しかありません。すなわち、天国か地獄かです。この地上で神とどのような関係を築いたかによって、永遠における神との関係が決まってくるのです。もしあなたが神の御子イエス・キリストを信じ、この方を愛しているなら、あなたは永遠を神と共に過ごすことができるでしょう。しかし、もしあなたがこの愛と赦しを拒み、差し出されている救いを受け取らないなら、あなたは永遠に神から引き離されてしまうのです。

イギリスの著名な作家で、オックスフォード大学の教授でもあったC・S・ルイスは、次のように言っています。「世の中には2種類の人たちがいる。神に対して『御心がなりますように』と申し上げる人と、神の方から『分かった。それではもう好きにしなさい』と言われてしまう人である」。悲しむべきことに、多くの人が神から引き離されたままの状態で永遠の世界に行こうとしています。それは、彼らがこの地上で神なしの人生を自ら選んでしまっているからです。

人生には、今ここで見えている以上のものがあるということを本当に理解するなら、そしてこの地上の人生が永遠への準備期間であるということを知るなら、あなたの毎日の生活は大きく変わりはじめるでしょう。あなたは、永遠という光に照らされて生きるようになり、すべての人間関係、仕事、状況への取り組み方が変わるようになるのです。これまで重要だと思ってきた多くの活動や目標、そして問題でさえ、ささいな、取るに足りない、ちっぽけなもののように思われてくるかもしれません。あなたが神に近づけば近づくほど、すべてのものは小さく見えるようになっていくのです。

永遠の光に照らされて生きるとき、あなたの価値観は一変します。時間やお金をもっと賢く使うようになるでしょう。いつも気にしていた名声、富、業績、楽しみといったものよりも、人間関係や自分の人格的な成長をより重視するようになります。優先順位が入れ替わるのです。

注目のトレンドや流行のファッションやライフスタイルなどに振り回されることもなくなるでしょう。パウロが言っている通りです。「かつての私は、こういったものをとても大切にしていましたが、今ではまったくつまらないものと思うようになりました。キリストが私のためにしてくださったことを思うとき、それらのものはみな、色あせて見えるのです」（ピリピ3・7　NLT）。

もしこの地上の人生がすべてであると言うなら、さっさと使い切ってしまうことをお勧めします。誠実に、正しく生きようなどと考える必要はありません。何をしたとしても、その行為は長期的には何の意味も持たないのですから、人生の結末など気にすることなく、好き勝手に、やりたい放題にすればよいのです。しかし、死んだらそれで終わりではないという事実こそ、人生に決定的な違いをもたらします。死んだ後、あなたの存在は消えて無くなってしまうのではなく、永遠の世界に移行するのです。そして、あなたが地上で行ったすべてのことについては、永遠における結末が待っているのです。楽器を奏《かな》でるときにある音色が響き渡るように、人生のあらゆる営みも、永遠の世界へと響き渡るのです。

現代人の生き方に見られる最も有害な点は、その近視眼的な考え方にあります。人生を最大限に活用するためには、永遠の視点を持たなければなりません。人生には、今ここで経験している以上のものがあるのだという視点です。今見えている世界というのは、氷山の一角に過ぎません。永遠とは、水面下に隠れている氷山の残りの部分のようなものなのです。

それでは、神と共に過ごす永遠とはいったいどのような世界なのでしょか。率直に申し上げますが、私たちの頭をもってしては、その世界の驚異と素晴らしさを理解することはできないでしょう。それはあたかも、蟻《あり》を相手にインターネットのしくみを説明するようなものです。残念ながら、永遠の世界を描写するのにふさわしい言葉は見つかっていません。聖書は言っています。**「神は、人がふつう見たことも、聞いたことも、そして想像したことさえないほど素晴らしいものを、神を愛する者のために用意してくださっているのです」**（Ⅰコリント2・9　LB）。

しかし神は、聖書のみことばを通して、私たちに永遠の世界を垣間見せてくださっています。神は今、私たちのために永遠の住まいを整えておられることを、私たちは知っています。天国において愛する人たちと再会し、あらゆる痛みや苦しみから解放されて、地上で信仰を全うしたことに対する報いをいただき、さらにやりがいのある仕事が与えられることになるのです。頭上には後光が差し、ハープを奏でながら、雲の上で寝転んだりして暮らすのではありません。私たちは、永遠に神との交わりの中に生かされ、そして神も私たちとの交わりを永遠に喜んでくださるのです。終わりの日になると、主イエスは次のように言われます。**「さあ、わたしの父の祝福を受けている人たち。この世界のはじめからあなたがたのために用意されている御国を受け継ぎなさい」**（マタイ25・34 NIV）。

C・S・ルイスが、その著書『ナルニア国物語』シリーズの最後の部分で、この永遠の概念を上手に表現していますので、ここに引用してみましょう。「これで物語はおしまいなのですが、……しかし彼らにとって、物語はまだほんの緒についたばかりです。この世界における彼らの人生はすべて、……カバーページや表題に過ぎません。そして今、ついに彼らの偉大な物語の第1章が始まろうとしているのです。この物語の続きを読んだことのある人はいません。この話に結末はありません。そして、すべての章は、前の章よりも良くなっていくのです」（C・S・ルイス『最後の戦い』より）。

神はあなたの人生に目的を持っておられますが、それはこの地上で終わるものではありません。神のご計画は、あなたがこの地球という惑星で過ごす数十年をはるかに超えたものです。神は、「一生に一度のチャンス」ではなく、一生を超えた機会を差し出しておられます。聖書にはこう記されています。**「（神の）ご計画はとこしえに及び、その目的は永遠に至る」**（詩篇33・11 TEV）。

人が永遠について考える唯一の機会は、お葬式の時でしょう。しかし、多くの場合、そのときに人々が抱く考えというのは、無知に基づく、思慮に欠けた、感傷的なものに過ぎません。死について考えることなど、病的だと思われるでしょうか。しかし、死という、だれもが避けて通ることのできないこの現実を否定し、目を背けて生きていくことの方がずっと不健全なのではないでしょうか（伝道者7・2を参照）。だれもが知っている、この死という人生の終着駅に向けて何の準備もしないまま生きていくのは愚かなことです。永遠というテーマを、もっと真剣に考える必要があるのです。

あなたが母親の胎内で過ごした9カ月が、この地上の人生をスタートさせるための準備期間であったように、この地上の人生は、次の人生に向けた準備期間であると言えるでしょう。もしキリストを通して神との関係を持っておられるなら、死を恐れる必要はありません。死は、永遠への世界を開く扉だからです。それは、この地上における最後の瞬間ではあっても、本当の最後なのではありません。死はこの地上の人生の終わりの日であると同時に、永遠の人生における誕生日ということになります。聖書は言っています。「この世は私たちの住む所ではありません。私たちは、天にある永遠の住まいを待ち望んでいるのです」(ヘブル13・14 LB)。

永遠と比べるなら、この地上で過ごす時間などは、ほんの一瞬のことに過ぎません。しかし、この地上でどんな結末を迎えるかが永遠の運命を決めることになります。この地上でどのように生きたかによって、死後の運命が決まってくるのです。覚えておかなければならないのは次のことです。「私たちがこの地上の体をまとっている間は、主イエスとともに過ごす天にある永遠の住まいからは離れているのだということです」(Ⅱコリント5・6 LB)。

何年か前に、「今日という日を、自分に与えられた人生最初の日だと思って生きなさい」という表現が流行したことがありましたが、むしろ私たちは、「一日一日を人生最後の日だと思って生きる」方が、もっと賢明なのではないでしょうか。私たちは、最後の日に備えるために、毎日の務めを果たしていくべきなのです。

熟考するポイント

この地上の人生だけがすべてではありません。

〈考えてみましょう〉

① 神が私たちを永遠に生きる存在として造られたのはなぜだと思いますか。

②この地上の事柄については多くの時間を費やして心配する一方で、永遠に備えることに関してはあまり時間を費やすことがないのはなぜでしょうか。

③永遠に備えるために、あなたが今取り組んでいることは何ですか。

第5章　永遠の視点から人生を見る

あなたの人生に対する見方が、あなたの人生を決定します。人生をどのように定義するかによって、あなたの運命は決まります。あなたの物の見方は、あなたの時間、お金、才能の使い方から、人間関係の評価の仕方に至るまで、少なからず影響を与えているのです。

人を理解するための最も効果的な方法の一つは、「あなたは自分の人生をどのように見ていますか」と尋ねてみることです。十人十色と言われるように、さまざまな答えが返ってくることでしょう。人生とはサーカスの皿回しのようなものだとか、地雷源、ジェットコースター、パズル、シンフォニー、旅、踊り等々……といった具合です。ある人は次のように言いました。「人生とはメリーゴーランドのようなものです。上がったり、下がったりしながら、ただ同じところをぐるぐると旋回しているだけという感じです」。また、こんな答えもありました。
「人生とは、滅多に使うことのない十段変速ギア付の自転車のようなものです」
「人生はトランプのようなものです。与えられたカードで勝負しなければなりませんから」

自分の人生を絵にたとえると、どのような絵になるでしょうか。どのようなイメージが浮かんでくるでしょうか。そのイメージが、あなたの人生をたとえているものです。それは、意識的に、あるいは無意識のうちに心に抱いている、あなたの人生に対する考え方を象徴するものであり、人生とはどういうもので、そこから何を期待できるのかについて、あなたが心に思い描いているものです。人はしばしば、衣装、宝石、車、髪型、ステッカー、時には刺青《いれずみ》などによって、自分の人生観を表現しようとします。

言葉になってはいなくても、人は自分の抱いているその人生のイメージから想像以上に大きな影響を受けているものです。それは、あなたの期待、価値観、人間関係、目標、そして優先順位を決定しています。たとえば、もし人生はお祭りであると考えているなら、最も大切なことは「楽しむ」ということになるでしょう。もし人生は競走であると考えているなら、「スピード」こそが人生の価値となり、何をするにも急いでやることになるでしょう。また、人生をマラソンに見立てているなら、「忍耐力」が評価の対象になるでしょう。あるいは、人生を戦闘か試合のように考えているなら、「勝つこと」があなたの至上命令になるわけです。あなたは、自分の人生をどのように捉えているでしょうか。

自分の人生の捉え方は、もしかすると間違ったイメージに基づいているかもしれない、と考えてみたことはあるでしょうか。たいていの場合、私たちは自分の親、友人、映画、雑誌、本などを通して自分の人生観を形成します。けれども、その中には間違った情報が含まれていた可能性もあります。神が用意された自分の人生の目的を達成していくためには、世間一般で認められている考え方を再検討し、聖書の示す人生のイメージに修正していく必要があります。聖書は言っています。

「この世の標準に合わせるのではなく、むしろあなたがたの心を一新させ、神に内側から造り変えていただきなさい。そうすれば神の御心を知ることができるようにな

るでしょう」（ローマ12・2　TEV）。

聖書は、神が人生をどのように捉えておられるかについて、3つのたとえ（イメージ）を示しています。第1に「人生はテストである」というもの、第2に「人生は預かりものである」というもの、そして第3に「人生は一時的な務めである」というものです。この3つの考え方は、目的に導かれた人生を生きるための土台となるものです。この章では最初の2つを取り上げ、次章で第3のものを見ていくことにしましょう。

人生はテストである

このような人生の捉え方は、聖書全体に見出されるものです。神は、人々の品性、信仰、従順、愛、正直さを事あるごとに試しておられます。試練、誘惑、鍛錬、試みなどの言葉が、聖書の中に200回以上出てきます。アブラハムは、息子イサクをささげるようにとの命令を受けたとき、その信仰を試されました。ヤコブは、ラケルを自分の妻とするために余分な年月を働かされることになったとき、神によってその品性が試されたのです。

アダムとエバは、エデンの園における彼らのテストに失敗しました。ダビデも、神から与えられたテストに何度か失敗しています。しかし、聖書はまた、その品性が試されるような驚くべきテストに合格した多くの人物の例を挙げています。ヨセフ、ルツ、エステル、そしてダニエルなどがその良い例でしょう。

人格というものは、試されることによって成長し、その真価が明らかとなります。そして神は、あなたの人格を試すために、人生のあらゆる出来事を用いられます。人生は、毎日がテストの連続です。神は日々、あなたにふさわしいテストを用意し、あなたが物事にどのように対処するかをご覧になっておられます。すなわち、それが人間関係であれ、何らかの問題であれ、成功であれ、衝突であれ、病気であれ、失望であれ、あるいは天候であれ、あなたがどのように反応するかを見ておられるのです。神は、たとえ小さなことであろうと、あなたの対処の仕方に注目しておられます。たとえば、他の人のためにドアを開けてあげたこと、ごみを拾ったこと、店員やウェイトレスに礼儀正しく接したことなどでさえ、神はご覧になっておられるのです。

私たちは、神がどんなテストをお与えになるのか、そのすべてを知ることはできませんが、聖書を読むことで、ある程度予測することはできます。考えられるものとして、人生に大きな変化が起こること、約束がなかなか実現しないこと、解決の糸口もつかめないような問題が起こること、祈りが答えられないこと、身に覚えのない批判を受けること、原因不明の悲劇に見舞われることなどが挙げられるでしょう。私が自分の人生を振り返るとき、問題を通して「信仰」が試され、所有物の扱い方を通して「希望」が試され、人間関係を通して「愛」が試されてきたことが分かります。

数あるテストの中でも特に大切なテストがあります。それは、人生において神が共にいてくださると感じられなくなったときにどうするか、というテストです。人生の中で、神がその御顔を隠されること

によって、私たちは神との親密な交わりの感覚を失ってしまうことがあります。その昔、イスラエルにヒゼキヤという王様がいましたが、彼に与えられたテストがそうでした。聖書は、そのときの様子をこう書き記しています。**「神はヒゼキヤを試して、彼の心の中にある本当の思いを見極めるために、彼から御顔を隠された」（Ⅱ歴代32・31 NLT）**。ヒゼキヤは、神との親しい交わりのうちを歩んでいましたが、神は彼の人生の最も厳しい状況のときに、あえて彼を独りにされました。それは、彼の人格を試し、その弱さを明らかにし、さらに責任ある働きに就かせるために、彼の人格を整えるためだったのです。

人生はテストである、ということが理解できるようになると、人生において無意味なことなど何一つないということが分かってきます。たとえ取るに足りないような小さなことであっても、あなたの人格的成長のためには大切なことなのです。一日一日があなたにとって大切な時であり、一瞬一瞬が人格的成長のため、愛の実践のため、そして神に信頼することを学ぶための成長の機会なのです。あるテストはとても手に負えないように思われ、またあるものはテストされていることにさえ気づかないようなものであるかもしれません。しかし、そのすべてが永遠との密接なつながりを持っているのです。

幸いなことに、神は、あなたがこのような人生のテストに合格することを願っておられます。ですから、直面する問題が手に負えないほど大きくなり過ぎないように配慮してくださり、その恵みのゆえに、問題に取り組むために必要な力を与えてくださるのです。聖書は言っています。**「神は約束を守られるお方です。ですから、あなたがたに耐えることのできないような試練をお与えになることはありません。むしろ、あなたがたが試練に遭うときには、その試練に耐える力と脱出の道をも備えてくださるのです」**（Ⅰコリント10・13 TEV）。

あなたがテストに合格する度ごとに、神はそのことを覚えていてくださり、永遠においてその報いを用意して待っておられます。ヤコブはこう言っています。**「試練を耐え忍ぶ人は幸いです。その試練を乗り越えた人には、神を愛する者たちに約束されている命の冠が用意されているからです」**（ヤコブ1・12 GWT）。

人生は預かりものである

これが、聖書の示している2つ目の人生のたとえです。私たちの時間、エネルギー、知性、機会、人間関係、財産などはすべて、神から大切に管理するようにと任されている賜物です。私たちは、これらのものを管理する立場にあるわけです。この管理という考え方は、神がいっさいのものの所有者であられるという認識に基づいています。聖書によれば、**「世界とその中にあるいっさいのものは主のものである。地球とそこに住むものはすべて主のものである」**（詩篇24・1　TEV）のです。

この地上にいるわずかの間、私たちが本当の意味で所有しているものは一つもありません。すべてのものは、私たちがこの地上に生きている間、神が一時的に貸してくださっているに過ぎないのです。それらは、あなたが生まれる前から神のものであり、あなたが世を去った後は、またほかのだれかに貸し出されるのです。私たちはただ、一時的に所有させていただいているに過ぎません。

アダムとエバが創造されたとき、神は彼らに地球の管理をお任せになり、彼らにすべての資源を適切に管理するよう言われました。聖書はこう記しています。「神は、彼らを祝福して言われた。『たくさんの子どもを生み、この地上があなたがたの子孫で満ちるようにしなさい。そして、彼らにこの地上を治めさせなさい。わたしはあなたがたにその責任を与えているからだ』」（創世記1・28 TEV）。

神が人類にお与えになった最初の仕事は、この地上の「神の所有物」を管理し、その世話をすることでした。この務めは決して廃止になったわけではありません。今日においても、それは私たちの目的の一つなのです。私たちが持っているものはすべて、神が私たちの手にゆだねてくださっている「預かりもの」として扱われるべきものです。聖書は言っています。「あなたがたが持っているもので、神から与えられたのではないものなどあるでしょうか。もし、あなたがたの持っているものが、すべて神から与えられたものであるなら、どうして自分で獲得したかのように自慢するのですか」（Iコリント4・7 NLT）。

何年も前のことになりますが、私たち夫婦は、ある夫婦のご好意により、休暇を利用してハワイにある美しい海岸沿いの別荘を使わせていただいたことがあります。それは私たちにとって、普通では考えられないことでしたが、本当に満喫させていただきました。「自分の家だと思って使ってください」と言ってくださったので、そうさせていただきました。プールで泳いだり、冷蔵庫にある物を食べたり、バスタオルや食器を使ったり、ベッドの上でおどけて跳ねたりもしてみました。しかし、そうしながらも、これは自分たちのものではないことを知っていたので、やはり気を遣わないわけにはいきませんでした。その家は私たちのものではなく、私たちはただ、その家を使用する恩恵にあずかっていただけだったからです。

私たちは、「もしそれが自分のものでなければ、それほど大切に扱う必要はない」と考えがちです。しかし、神が私たちに願っておられるのは、「それが神のものである以上、できる限り、細心の注意を払って取り扱わなければならない」という、より高い基準の生き方です。聖書は言っています。**「何か大切なものを任された人たちは、それを任されるにふさわしい者であることを示さなければなりません」**（Iコリント4・2 NCV）。主イエスはしばしば、人生が預かりものであることを明らかにされ、神に対する私たちの責任について説明するために、多くのたとえ話を語られました。その中に、タラントのたとえ話があります（参照・マタイ25・14―29）。ある商人が、自分のしもべたちに、留守中の財産の管理を任せて旅に出ます。しばらくして戻ってきてから、それぞれのしもべの仕事ぶりを評価し、その評価に従って褒美を与えます。そのとき、その主人は言うのです。「よくやった。良くできた忠実なしもべだ。あなたはわずかな物にも忠実だったから、これからは多くの物を任せよう。さあ、わたしと一緒に喜びを分かち合ってくれ」（マタイ25・21NIV）。

地上の人生を終えるとき、あなたは神から任されていたものをどのように扱ってきたかが評価され、その評価に従って報いを受けることになります。その評価の対象には、あなたのしたすべてのことが含まれます。日々の雑用でさえ、永遠との深い関わりを持っているのです。もしあなたが、すべてのものは神からの「預かりもの」であるという意識を持って、与えられたものを大切に管理していくなら、神は永遠において3つの報いを約束しておられます。第1に、神はあなたをねぎらってくださいます。「本当によくやった」と言って、あなたの労苦をねぎらってくださるでしょう。第2は、昇進です。永遠において、神はあなたに「多くの物を任せよう」と言って、責任ある仕事を任せてくださるでしょう。そして第3に、神は祝賀会を開いて称賛の言葉をかけてくださいます。「さあ、わたしと一緒に喜びを分かち合おう！」

多くの人は、「お金」というものが神からの預かりものであり、また神のテストの題材でもあることを意識していないでしょう。神は、私たちの経済的な状況を用いて、神に信頼するということがどういうことなのかを教えようとされます。それは、多くの人にとって、「お金」が最も大きなテストになり得るからです。神は、私たちがどれだけ神に信頼しているかをテストし、私たちのお金の使い方をご覧になるのです。主イエスは言われました。「**もし、あなたがたがこの世の富に対して忠実でなければ、だれが天にある本当の富を任せるでしょう**」(ルカ16・11　NLT)。

これは多くの人が見過ごしにしている、非常に大切な真理です。神は、私たちのお金の使い方と私たちの霊的生活の本質には、直接的なつながりがあると言っておられるのです。私たちがお金（この世の富）をどのように管理するかによって、神の霊的祝福（本当の富）をどれだけ任せていただけるかが決まってくるというのです。一つお尋ねしたいのですが、あなたのお金の使い方は、神があなたの人生になさろうとしておられることの妨げとなってはいないでしょうか。神はあなたに霊的な富をお任せになるでしょうか。

主イエスは言われました。**「だれでも多く与えられた者は多く求められ、多く任された者は多く要求されるのです」**（ルカ12・48 NIV）。人生はテストであり、また預かりものです。神があなたに多くのものを与えておられるなら、それだけあなたには多くの責任が期待されているのです。

熟考するポイント

人生はテストであり、また預かりものです。

〔考えてみましょう〕

①これまでの人生を何かのイメージにたとえるなら、それはどのようなものになるでしょうか。あなたは自分の人生をどのように表現しますか。

②これまでの経験の中で、神からのテストであったのだと今になって気づいたことが何かあるでしょうか。

③あなたが自分のものであると思っていたものが、実は神から預けられているものであるという真理に立って生きるようになると、あなたの所有物に対する考え方はどのように変わると思いますか。

第6章　人生は一時的な務《つと》めである

この地上の人生は、一時的な務めに過ぎません。

地上の人生がいかに短く、一時的なものであり、束の間のことに過ぎないかを、聖書は多くのたとえを用いて教えています。聖書において人生は、霧、短距離走者、息、ひとすじの煙などと描写されます。聖書によれば、「私たちはきのう生まれたばかりの存在にすぎない。……私たちが地上で過ごす日々は、影のようにはかないからだ」（ヨブ8・9　NLT）。

人生を最大限に活用するために忘れてはならない真理が2つあります。第1に、永遠と比べるなら人生は非常に短いということ。第2に、地上は一時的な住まいに過ぎないということです。私たちはいつまでもこの地上に生き続けるわけではありませんから、あまりこの地上のものに愛着を持ちすぎないようにすることです。神の視点で人生を見ることができるように、神に祈り求めてください。ダビデは次のように祈りました。「主よ。私が地上で過ごす時間がどれほど短いものであるかを悟らせてください。どうか私が、この地上での生涯がほんの束《つか》の間《ま》のことに過ぎないということを知ることができるように助けてください」（詩篇39・4 LB）。

聖書は繰り返し、地上の人生を外国での一時的な生活にたとえています。地上は、あなたの終の棲家《すみか》でも、最終目的地でもありません。地上は一時的な通過点であり、言ってみれば、しばらくの期間、そこを訪問しているに過ぎないのです。聖書は、この地上での短い滞在を描写するために、在留異国人、巡礼者、他国人、よそ者、訪問者、旅人などの言葉で表現しています。ダビデは言いました。「私は、この地上においては異国人に過ぎません」（詩篇119・19 NLT）。またペテロは次のように説明しています。「もし、天の神を父と呼んでいるなら、この地上においては一時的な在留異国人として生活しなさい」（Ⅰペテロ1・17 GWT）。

私の住むカリフォルニアでは、ここで仕事を見つけようと世界中からたくさんの人々が移住して来ます。しかし、国籍はそれぞれの自分の国にあるので、アメリカでは「グリーンカード」と呼ばれる登録カードを携帯することになります。それを持っていれば、たとえアメリカ合衆国民でなくてもアメリカで働くことができるわけです。これと同じように、私たちはみな、自分の国籍が天国にあることを思い出させてくれる「霊的グリーンカード」を持ち歩くべきです。神は、ご自分の子どもであるクリスチャンは、人生に対する考え方において、この世の人々とは一線を画すべきであると言われるのです。**「彼らが考えていることはみな、この地上のことだけです。しかし私たちは、主イエス・キリストが住んでおられる天の国民なのです」**（ピリピ3・19―20 NLT）。真の信仰者は、単にこの地球上で過ごす数十年の人生よりもはるかに優れた世界があることを理解しているのです。

あなたの身元は永遠という場所にあり、天国があなたの故郷です。この真理を自分のものとしたとき、あなたはもはやこの地上で「あれもこれも手に入れなければ」と思い悩むことはなくなるでしょう。神は、私たちが刹那《せつな》的な生き方に傾倒したり、この世の価値観や優先順位、ライフスタイルなどの影響を受けたりすることを非常に嫌われます。私たちがこの世の誘惑を楽しむとき、神はそれを霊的姦淫だと言われるのです。聖書は言っています。「あなたがたは神をあざむいているのです。もし、あなたがたの願いが、機会さえあれば好きなようにこの世と戯《たわむ》れることであるならば、あなたがたは神を敵に回し、神の道に逆らうことになるのです」（ヤコブ4・4 Msg）。

自分が国を代表する大使として敵国に派遣されたと想像してみてください。現地の人々に対して礼儀正しく振る舞い、与えられた任務を全うするために、あなたはおそらく現地の言葉を学び、その国の習慣や文化を身につけなければならないでしょう。国を代表する大使として、あなたはその敵国の人々から孤立するわけにはいきません。任務を遂行していくためには、その国の人々と接触し、関係を築いていく必要があるのです。

しかし、次第にその敵国の居心地が良くなり、自分の国よりもその国が好きになってしまったとしたらどうでしょう。自国への忠誠心は薄れ、使命を全うしようという情熱も冷めてしまい、大使としての役割を果たすことが非常に難しくなってしまうでしょう。自分の国を代表するどころか、敵側についてしまいかねません。そうなれば、あなたは立派な裏切り者です。

聖書は、**「私たちはキリストの大使である」**と教えています（Ⅱコリント5・20 NLT）。残念なことに、キリストの弟子と称する人たちの多くは、自分たちの王とその王国を裏切っているのです。彼らは地上にすっかり腰を据えてしまったために、愚かにもそこが自分たちの故郷だと思っています。しかし、そうではありません。使徒ペテロは次のように言っています。**「友よ。この世はあなたがたの故郷ではありません。ですから、そのぬるま湯につからないように気をつけなさい。自分の魂を犠牲にしてまで、その欲望に溺れてはなりません」**（Ⅰペテロ2・11 Msg）。

神は、私たちを取り巻くこの世のものに心奪われることのないようにと注意を促しておられます。というのは、それらはみな一時的なものであって、やがて過ぎ去るものだからです。次のように教えられている通りです。**「この世のものと頻繁に接触している人たちは、それらのものに心奪われるのではなく、むしろ活用しなさい。というのは、この世とその中にあるものはすべて、やがて過ぎ去るからです」**（Ⅰコリント7・31 NLT）。

過去の時代と比べて、現在がそれほど暮らしやすい時代になっているわけではありません。私たちは、楽しいもの、興味のそそられるもの、好奇心を満たしてくれるものに取り囲まれて暮らしています。あまりにも多くの魅惑的なアトラクションや、人の心を魅了するメディアなど、心躍らせる魅力的な経験が身近なところに溢れているため、幸せを追求することが人生のすべてであるかのような錯覚に陥りやすいのです。こうした世の中の魅惑から自分を取り戻すためには、人生はテストであること、また預かりものであり、一時的な務めに過ぎないことをしっかりと覚えておく必要があります。私たちは、もっと優れたもののために、今、準備をしているところなのです。「**今、私たちがここで見ているものは、明日には消えてなくなります。しかし、今この目で見ることのできないものは永遠に残るのです**」（Ⅱコリント4・18　Msg）。

人生において、私たちはさまざまな困難、悲しみ、拒絶などを経験しますが、それらはみな、この地上が私

たちの究極的な故郷ではないという事実を説明するものです（参照・ヨハネ16・33、16・20、15・18―19）。さらに、神の約束のあるものが成就しないかのように思えたり、ある祈りは答えられないかのように見えたり、この状況はどう考えても不当だと感じたりすることがあるかもしれませんが、そのことも、この同じ事実を示すものなのです。しかし、話はこれで終わりではありません。

この世のものに愛着を持ちすぎることのないようにと、神は、私たちが受け入れがたいような体験をすることをお許しになることがあります。そのときに私たちが感じる心の渇望というのは、この地上にいる限り、決して満たされることのないものです。私たちは、この地上においては完全に幸せになることはありません。そのようには造られていないからです。つまり、地上は私たちの究極的な故郷ではないということです。私たちに用意されている世界というのは、今見えている世界よりははるかにすばらしい所なのです。

魚は、陸の上に出されても決して幸せにはなれません。なぜなら、水の中に住むように造られているからです。鷲は、空を翔《かけ》ることができなければ決して満足できないでしょう。同じように、あなたもこの地上では完全な満足を得ることはできません。なぜなら、私たちにとって、今ここにある世界がすべてではないからです。確かに、この地上においても幸せになれる瞬間がたくさんあるでしょう。しかし、それは神があなたのために計画しておられるものとは比較になりません。

この地上の人生が一時的な務めに過ぎないという認識は、あなたの価値観を劇的に変化させます。一時的なものにではなく、永遠に残るものに基づいて、意思決定がなされるべきです。C・S・ルイスが言ったように、「永遠に残らないものは、永遠に役立たない」のです。聖書は言っています。**「私たちは、目に見えるものにではなく、見えないものにこそ目を留めます。というのは、見えるものは一時的であり、見えないものは永遠に残るからです」**（Ⅱコリント4・18 NIV）。

神があなたの人生に与えておられるゴールが、世間で言われているような、物質的な繁栄や名声を得ることにあると考えるのは致命的な誤りです。豊かな人生というのは、物質的な豊かさとは全く関係のないものです。神に忠実であるということは、仕事やミニストリーにおける成功を必ずしも保障しません。神は、あなたが快適な人生を送ることよりも、あなたの人格が磨かれていくことに興味を持っておられます。神の関心は、あなたに楽な人生を提供することにあるのではなく、あなたが人間としてどう成長していくかに向けられているのです。人生は、あなたの品性を磨くためのテストであることを思い出してください（参照・Ⅰペテロ2・11）。

使徒パウロは忠実に信仰を守り通しましたが、最後には牢につながれてしまいました。バプテスマのヨハネもまた忠実に主に仕えましたが、その忠実さのゆえに打ち首にされてしまいました。数え切れないほどの信仰者たちが、その信仰のゆえに殉教の死を遂げ、すべてを失い、報いらしいものを何一つ受けることなく死んでいきました。しかし、死がすべての終わりではなかったのです！

神の目から見た信仰の偉大なる英雄とは、この世において繁栄を誇り、成功を収め、権力を手にした人たちのことではなく、この人生を一時的な務めとして受けとめ、神が約束してくださった永遠における報いを待ち望みつつ、忠実に神に仕えた人たちのことなのです。聖書は、神の国において殿堂入りを果たした人たちのことを、次のように述べています。「これらの偉大な人たちはみな、信仰を全うして死んでいきました。神が約束されたものを手にすることはありませんでしたが、はるか将来にそれを望み見て、喜んでいたのです。彼らは、この地上においては訪問者であり、寄留者であることをわきまえていました。……彼らは、さらに優れた天の故郷を待ち望んでいたのです。ですから神は、彼らの神と呼ばれることを少しも恥とはなさらず、むしろ、彼らのために天の都を用意してくださったのです」（ヘブル11・13、16 NCV）。この地上生涯が、あなたの人生の筋書きのすべてではありません。次の章は天国で始まるのです。

ある宣教師が異国での宣教活動を終えて、祖国に戻ってきた時の話を聞いたことがあるでしょうか。たまたま彼は、アメリカの大統領と同じ船で帰国することになりました。喝采する群衆、軍楽隊、赤じゅうたん、横断幕、そしてたくさんのレポーターたちが、大統領の帰還を待ち受けていました。一方、この宣教師はだれの目にも留まることなく、一人静かに船を降りました。彼は、やるせない気持ちと憤りで一杯になり、神に不満を言いはじめました。そのとき、神は彼にこう言われたのです。「しかし、わが子よ。あなたはまだ故郷に戻ってきたわけではないだろう」

天国に入ったあなたは、きっとこう叫ぶに違いありません。「どうして自分はこんな一時的なもののために一生懸命やってきたのだろう。一体何を考えていたのだろうか。なぜ、このような永遠に残らないもののために時間とエネルギーと思いを注ぎ込んできたのだろうか」

困難な状況に直面したとき、疑いの雲に包み込まれたとき、あるいは神の道に従うことに何の意味があるのかといぶかしく思ったときには、どうか思い出してください。あなたはまだ自分の故郷に帰って来たわけではないということを。やがて死を迎えるとき、あなたは自分の故郷を後にするのではありません。ようやく本当の故郷に帰ることになるのです。

熟考するポイント

人生は一時的な務めです。

〔考えてみましょう〕

①永遠に残る唯一のものが神との関係であるとするなら、そのことは、自分の価値観、優先順位、所有物、スケジュールにどんな影響を与えるでしょうか。

②神があなたに願っておられることが、快適な人生ではなく、人格的な成長にあるということを覚えるとき、さまざまな問題に対するあなたの見方や反応の仕方はどのように変わると思いますか。

③あなたの知っている人の中で、すでに天に召された人はいるでしょうか。

この章で読んだ内容をもとにして、彼らがあなたに何かを語ってくれるとしたら、どんなことを話してくれると思いますか。

第7章　すべてのことの意味

すべてのものは神のために存在しています。

私たちは、神によって造られただけでなく、神のために造られました。宇宙の究極的な目標は、神の栄光を現すことにあります。あなたも含めて、すべてのものがそのために存在しています。神は、いっさいのものをご自身の栄光のために造られました。神の栄光を抜きにしては、何も存在し得ないのです。

では、神の栄光とは何でしょうか。それは、神が神ご自身であられることです。それは、神の本質であり、そのご性質であり、その御力のことです。

どこに、神の栄光が現されているでしょうか。周囲を見回してみてください。神の造られたすべてのものが、それぞれに神の栄光を現しています。それは、顕微鏡でしか見ることのできない小さな微生物から、夜空に広がる広大な天の川に至るまで、さらに、夕焼けや夜空の星々から、荒れ狂う嵐や四季折々の変化に至るまで、実にあらゆるところに見出されます。被造物はみな、創造主の栄光を反映しています。これらのものに目を留めるとき、私たちは神がどのようなお方であるのかについて、多くのことを学ぶことができるでしょう。自然界に目を向けるとき、私たちは、神が力強いお方であること、多様性を楽しまれ、美しいものを愛され、秩序正しく、賢明で、独創性に富んだお方であることがわかります。聖書は言っています。「天は神の栄光を現す」（詩篇19・1　NIV）。

それでは、神がどのようなお方であるのかを知るにはどうしたらよいのでしょうか。歴史を通して、神は人々にさまざまな形でご自分の栄光を現して来られました。しかし、神の本質が最もはっきりとした形で現されているのは、イエス・キリストご自身にほかなりません。聖書は言っています。「過去において、神は預言者たちを通して、繰り返し、さまざまな方法で語って来られましたが、今のこの時には、御子（イエス・キリスト）によって、私たちに語られました。……御子は、神の栄光を映し出しておられ、神がどのようなお方であるのかについて、まさしくその本質を現しておられます」（ヘブル1・1―3 NCV）。

主イエスは言われました。「わたしは世の光です」（ヨハネ8・12 NIV）。イエス・キリストのゆえに、私たちはもはや神がどのようなお方であるのかについて無知ではなくなりました。「御子は、神の栄光の輝きである」（ヘブル1・3 NIV）と聖書は教えています。主イエスがこの地上に来られなかったら、神について多くのことが分からずじまいだったことでしょう。主イエスが来られたのは、まさに私たちが神の栄光を十分に理解するようになるためでした。「ことばは人となって私たちの間に住まわれた。私たちはその栄光を見た。……それは、恵みと真実とに満ちた栄光である」（ヨハネ1・14 GWT）。

神によって造られた存在である私たちは、神の栄光を認め、あがめ、賛美し、反映させ、その栄光のために生きる者となるように召されています。なぜでしょうか。それは、神がそれを受けるにふさわしいお方だからです。神は、私たちの心からの賛美を受けるに値するお方です。神がすべてのものをお造りになった以上、すべての栄光を受けるべきお方は神以外にはおられません。聖書は言っています。**「私たちの主なる神。あなたこそ、栄光と誉れと力を受けるにふさわしいお方です。なぜなら、あなたがすべてのものをお造りになったからです」**(黙示4・11 NLT)。

神がお造りになった全被造物の中で、神に栄光を帰すことに失敗した2種類の存在があります。堕落した天使(悪魔)と私たち(人間)です。神の栄光を神に帰さないこと、これが「罪」と呼ばれているものです。すべて罪とは、その根本において神の受けるべき栄光を神にお返ししないことです。それは、神以上に何かを愛することです。神に栄光を帰すのを拒むことは、思い上がった反抗であり、それこそ、悪魔や私たちの堕落を招いた原因なのです。それぞれ違った形で表れてはいるものの、私たちはみな、神の栄光ではなく、自分の栄光のために生きてきました。聖書にはこうあります。**「すべての人は罪を犯したので、神の栄光に届かなくなっているのです」**(ローマ3・23 NIV)。

本来神に帰されるべき栄光を、その生き方を通して神に帰している人はだれ一人いません。これが私たちの罪の本質であり、最大の過ちなのです。一方で、最高の達成感を伴う生き方というのは、神の栄光のために生きる人生にほかなりません。神は言われます。**「彼らはわたしの民である。わたしは、わたしに栄光を帰す者として彼らを創造した」**（イザヤ43・7　TEV）。ですから、神に栄光を帰すことこそ、私たちの人生最大の目標であるべきなのです。

どのようにして神の栄光を現すのか

主イエスは天の父なる神に言われました。**「わたしは、あなたがわたしにお命じになったすべてのことを行うことによって、この地上であなたの栄光を現しました」**（ヨハネ17・4　NLT）。主イエスは、地上でご自分の目的を全うし、神の栄光を現されました。私たちも、同じように神の栄光を現します。どんなものであれ、被造物がその造られた目的に従って生きるとき、神の栄光が現されます。鳥は空高く飛び回ることによって、また美しいさえずりを響かせ、巣作りに励み、神の意図されたように鳥らしく生きることによって、神の栄光を現します。たとえ蟻《あり》のような小さな存在であっても、その造られた目的を全うするとき、神の栄光が現されるのです。神は、蟻は蟻であるように、そしてあなたはあなたであるように造られました。聖エイレナイオス（訳注・古代キリスト教会の教父）は、「神の栄光とは、自分の人生を最大限に生きている人間のことである」と言っています。

拙著「人生を導く5つの目的」（パーパス・ドリブン・ジャパン刊）では、あなたの人生に与えられている神の5つの目的を、詳細にわたって説明しています。ぜひ一度、その本をお読みいただきたいと思いますが、ここではその5つの目的の概要を見ていくことにしましょう。

❶ 神を礼拝することによって、神の栄光を現す

人生の第1の目的は、「礼拝」と呼ばれるものです。これが、この地上における私たちの第1の責任です。**「ある人たちは、人生において最も大切なことを見落としています。彼らは神を知らないのです」（Ⅰテモテ6・21 LB）。**あなたは、さまざまな事柄について多くのことを知っているかもしれません。しかし、もし個人的に神を知らないのであれば、自分が造られた最も重要な理由を見落としている

ことになるのです。

礼拝というのは、教会で行われている集会に参加する以上のことです。礼拝とは、神を喜び、神を愛することであり、神の目的に自分を用いていただくために自分自身を神にささげる（与える）ことです。神を喜ぶとき、私たちは神を礼拝しているのです。C・S・ルイスは、「神をたたえよとの命令において、神はご自身を喜ぶようにと、私たちを招いておられるのです」と言っています。神は、私たちが義務感からではなく、愛と感謝と喜びをもって神を礼拝することを望んでおられます。神の栄光のために自分の人生を用いるなら、あなたの活動はすべて礼拝となります。聖書は言っています。「あなたがたの体をすべて、神の栄光のために、義を行うための道具として用いなさい」（ローマ6・13　NLT）。

❷神の家族に属する他の人々を愛することによって、神の栄光を現す

第2の目的は、「交わり」と呼ばれるものです。永遠において、神の御子キリストを受け入れた人たちは、永遠の交わりの中に入ることになるのですが、これ

はそのための準備となるものです。イエス・キリストに人生をゆだねるとき、あなたは神の家族の一員となります。神があなたに意図しておられる人生には、単に「信じる」ということだけでなく、「属する」ということも含まれています。なぜでしょうか。それは、永遠の世界に入る前に、この地上において最も学んでほしいと神があなたに願っておられることの一つが、「愛する」ということだからです。使徒ヨハネは次のように書いています。**「私たちの互いに対する愛こそ、私たちが死から命に移されていることの何よりの証拠です」**（Ⅰヨハネ3・14 CEV）。また使徒パウロもこう書いています。**「キリストがあなたがたを受け入れてくださったように、あなたがたも互いに受け入れ合いなさい。そのとき、神の栄光が現されるのです」**（ローマ15・7 NLT）。

あなたに与えられている第2の大きな務めは、神が愛されたように人を愛することを学ぶことです。

なぜなら、神は愛であって、あなたが神のように愛に満ちた者となることを願っておられるからです。ここに、私たちが霊的な家族である教会の集まりにつながるべき理由があります。この第2の目的を自分一人で全うすることはできません。神は、私たちが互いを必要とするように造られました。主イエスは言われました。「わたしがあなたがたを愛したように、あなたがたも互いに愛し合うべきです。もしあなたがたが互いに愛し合うなら、そのことによって、あなたがたがわたしの弟子であることを、すべての人が知るようになるのです」（ヨハネ13・34―35 NIV）。

❸キリストに似た者となることによって、神の栄光を現す

私たちがキリストに人生をゆだね、神の家族の一員として新しく生まれると、神は私たちが霊的に成長していくことを願われます。これはどういうことでしょうか。霊的に成長するというのは、主イエスのように考え、感じ、行動するようになるということです。あなたがキリストのご性質を身につけていけばいくほど、あなたはより神の栄光を現す者となっていくのです。聖書にはこう書かれていま

す。「主の御霊が私たちのうちに働かれるとき、私たちはさらにキリストに似た者となり、神の栄光をますます輝かせるようになっていくのです」（Ⅱコリント3・18 NLT）。

キリストを人生の主として受け入れるとき、神は私たちに、新しい命と新しい性質を与えてくださいます。そして神は、私たちが残りの生涯をかけて人格的に成長してくことを願っておられます。「あなたがたがいつも救いの実で満たされていますように――その実は、イエス・キリストによってあなたがたの人生にもたらされたものです。というのは、そのことを通して、さらに神の栄光と誉れがほめたたえられることになるからです」（ピリピ1・11 NLT）。神は、人々や聖書のことばや状況など、さまざまな道具を用いて私たちの霊的な成長を促し、永遠への準備を整えてくださるのです。

❹ 他の人たちに仕えることによって、神の栄光を現す

繰り返しになりますが、地上の人生というのは永遠に向けた練習の期間です。

天において、私たちは喜びに満たされて神にお仕えすることになるわけですが、神が私たちをこの地上に生かしておられる理由の一つは、仕えることにおいて成長するための時間を与えることにあります。（目に見えない）神に仕えるための唯一の方法は、（目に見える）他の人たちに仕えるということです。神があなたに特定の才能や賜物を与えておられる理由がここにあるのです。

神は私たちに、それぞれ異なった才能、賜物《たまもの》、技術、能力をお与えになり、私たち一人ひとりをそのユニークなデザインに従って造られました。他の人に仕えるという、この第4の目的は、「ミニストリー」と呼ばれています。神は、ミニストリーあるいは人に仕えるための適切な場所というものを、すべての人のために用意しておられます。あなたという人間が今あるように造られたのは、偶然によるのではありません。

神は、自分勝手な目的のために能力をお与えになったのではありません。私たちがそれぞれ異なる能力を授かっているのは、それを用いて互いに仕え合うためなのです。聖書は言っています。「神は、実にさまざまな霊的賜物の中から、あなたがた一人ひとりに賜物をお与えになりました。ですから、与えられたものをよく管理して、神の豊かな恵みがあなたがたを通して流れ出るようにしなさい。……人助けに召されている人がいますか。その人は、神が与えてくださる力とエネルギーを用いて、精一杯それに励みなさい。そのとき、神は栄光をお受けになるのです」(Ⅰペテロ4・10―11 NLT)。

❺他の人たちに神のことを伝えることによって、神の栄光を現す

神は、その愛と目的を秘密にしておきたいとは思っておられません。その真理を知るようになった今、神は私たちがその真理を他の人にも分かち合うように期待しておられます。キリストを他の人たちに紹介し、彼らが自分の人生の目的を見出して、永遠に備えることができるように手助けをするというこの働きは、神が私たちに与えてくださった驚くべき特権です。「神の恵みによって、さらに多くの人がキリストに導かれるとき、……神はいよいよ栄光をお受けになるのです」(Ⅱコリント4・15 NLT)。

あなたは何のために生きるのでしょうか

残りの生涯を神の栄光のために生きるという選択は、あなたの優先順位、スケジュール、人間関係、その他あらゆる事柄に変更を迫ります。時にそれは、これまでとは違った道に進むことを意味するかもしれません。主イエスでさえ、このことで苦しまれました。ご自分が十字架にかからなければならないことを知って、主イエスはこう叫ばれました。「わたしの心は騒いでいる。何と言うべきか。『父よ。わたしをこのときからお救いください』と言うべきか。いや、この目的のためにこそ、わたしは今この時を迎えているのだ。父よ。あなたの御名の栄光が現されますように」（ヨハネ12・27―28 NASB）。

主イエスは道の分岐点に立たれました。自分の目的を全うして神の栄光を現すのか。あるいは、尻込みして、居心地の良い、自己中心的な生き方に傾いていくのかという、2つの選択肢が目の前に置かれていました。あなたも、同じ選択に直面しています。自分の目標、楽しみ、欲望のために生きるのでしょうか。それとも、神が用意しておられる永遠の報いを待ち望みつつ、残りの生涯を神の栄光のために生きるのでしょうか。聖書は言っています。「だれでも、自分の命にしがみついていると、かえって自分の命を滅ぼすことになってしまいます。しかし、もしそれを手放すなら、――永遠に至る、本物の命を自分のものとすることができるのです」（ヨハネ12・25 Msg）。

この問題に決着をつける時が来ました。あなたはだれのために生きていくつもりですか。自分自身でしょうか。それとも神でしょうか。神のために生きる力など自分にはない、と心配しておられるかもしれません。けれども心配はいりません。神は、あなたが神のために生きようと決心したときから、あなたに必要なものをことごとく備えてくださるのです。聖書は言っています。「私たちを神のみもとに招いてくださった方を、個人的に、そして親しく知るようになったことによって、神に喜ばれる人生に必要なものはすべて、奇跡的に与えられたのです」（Ⅱペテロ1・3 Msg）。

ここで、一つ覚えておいていただきたいことがあります。それは、キリストに人生をゆだねる前に、すべての疑問を解決しておかなければならないと感じる必要はない、ということです。生きている限り、疑問がなくなることはありません。私もクリスチャンになってすでに40年以上になりますが、今でも聖書に関していくつかの疑問を抱えています。しかし、それらの疑問がイエス・キリストとの関係を楽しむことの妨げとなるわけではありません。エンジンの燃焼のしくみを理解しなければ運転ができないわけではありませんし、消化のしくみを知らなければステーキが食べられないわけでもありません。同様に、すべての疑問が解決していなくても、キリストを信じ受け入れることはできるのです。今、神は、自分の造られた目的を全うして、神の栄光のために生きるようにと、あなたを招いておられます。実は、それこそが唯一の生きる道なのです。それ以外では、ただ存在しているに過ぎません。本当の人生は、あなたが自分をキリストにゆだねたときに始まります。まだ自分の人生をキリストに完全にゆだねたことがないという方は、次の2つのことをしてください。すなわち、「受け入れる」こと、そして「信じる」ことです。聖書は次のように約束しています。「彼（キリスト）を受け入れた人々、すなわちその名を信じた人々にはだれでも、神の子となる特権をお与えになった」(ヨハネ1・12　NIV)。あなたも、この神の招きに応えようではありませんか。

第1に、信じることです。神があなたを愛しておられ、あなたを目的をもって造られたことを信じることです。自分が偶然に存在しているのではない、ということを信じてください。自分が永遠に生きる存在として造られたことを信じてください。十字架にかかってあなたのために死んでくださったイエス・キリストとの関係に入るようにと、神があなたを選んでくださったことを信じてください。あなたがこれまでにどんなことをしてきたとしても、神はあなたを赦してくださることを信じてください。あなたを赦し、また造り変えてくださるよう、神に祈り求めてください。神は喜んでそうしてくださるでしょう！

第2に、受け入れることです。主イエス・キリストを、あなたの人生の主として(あなたの人生を導いてくださる方として)、また救い主として(あなたのすべての罪の刑罰を身代わりに引き受けて死んでくださった方として)、心の中にお迎えしてください。あなたの罪に対する神の赦しを受け取ってください。人生の目的と心の平安を受け取ってください。そして、その目的に生きる力を受け取りましょう。聖書は言っています。**「神の御子（キリスト）を受け入れた人はだれでも、すべてが与えられ、永遠の命が与えられるのです」**（ヨハネ3・36 Msg）。

この本をどこで読んでおられようと、今しばらくの時間、心を神に向けて祈りのときを持たれることをお勧めします。次のように祈ってください。そうすると、あなたの人生は永遠に変えられるのです。「主イエス様。私はあなたを信じ、受け入れます。私の罪のために十字架にかかって死んでくださったことを感謝します。私の人生のすべての領域にあなたをお迎えします。私がさらに深くあなたを知り、あなたに信頼し、あなたを愛することができるように助けてください。アーメン」

この祈りを心からのものとして祈られましたか。おめでとうございます！　今日からあなたも神の家族の一員です。あなたは今、神が用意された人生の目的を見出し、その目的に生きる準備が整いました。ぜひ、今日なさった決断を、だれか信頼できるクリスチャンの人に話してみてください。クリスチャンとして成長していくためには、いろいろな助けが必要です。もし、この内容の続きやその他の情報をお知りになりたいという方は、以下のホームページにアクセスしてみてください（www. pdjapan.com）。

熟考するポイント

あなたはだれのために生きるつもりでしょうか。自分のため？それとも神のため？

〔考えてみましょう〕

①先ほどの祈りを自分のものとして祈られたでしょうか。

②まだキリストに人生をゆだねておられない方は、何がその妨げとなっているでしょうか。

③キリストに人生をゆだね、目的に導かれて生きる決断をされた方は、その決断をだれに話したらよいと思いますか。何人かの名前を挙げ、できれば今日、その人に話をしてみましょう。

本書の続きをお読みになりたい方は、全米３０００万部のベストセラー「人生を導く５つの目的（The Purpose Driven Life）」をお読みください。弊社ホームページ（www.pdjapan.com）または全国の書店にてお求めになれます。また、本書に関するご意見、ご感想等は、info@pdjapan.com までお寄せください。

あとがき

本書は、Rick Warren, What on earth am I here for? (Zondervan, Grand Rapids, Michigan, 2004)の翻訳です。

この本は、全米で３０００万部のベストセラーとなっているRick Warren, The Purpose Driven Life（邦訳「人生を導く5つの目的〜自分らしく生きるための40章〜」ＰＤＪ刊）の１章から7章に修正を加えたものです。英語のタイトルが示すとおり、「私はいったい何のために生きているのか」という人生の究極的なテーマに真正面から切り込んでいるのが特徴です。

「人生はあなたが中心ではありません」という書き出しに始まる本書は、よく見かける自分探しの本とは異なり、探求の出発点を「自分を超えた存在」である神に置くように勧めます。世の中には実にさまざまな「神」の定義がありますが、本書が指し示している神は、永遠のベストセラーといわれる聖書の示す神です。そして、その神は、人口65億といわれるこの現代に生きる私たち一人ひとりをかけがえのない存在として造られ、それぞれに「個別の」生きる意味と目的を与えておられるというのです。

仕事、勉強、家事、子育てなど、忙しい毎日を過ごしておられる方にとっては、「人生の目的」などというテーマについて考えるのは、少し重たいと思われるかもしれません。あるいは、かつてはそんなことを悩んだ日々もあったけれど結局答えなんてなかったと、なかばあきらめムードになっている方もおられるかもしれません。本書が、そのような方々にとっての道案内となり、これからの人生の歩みを確かなものとするために、あるいはこれまでの人生を新しい視点で捉え直すために、少しでもお役に立てれば幸いです。

なお、本書の続きをお読みになりたいと思われた方のために、先にご紹介しました「人生を導く5つの目的」という本が刊行されています。弊社ホームページ(www.pdjapan.com)または全国の書店にてご購入いただくことができます。また、本書に関するご質問、ご感想は、info@pdjapan.com までお気軽にお寄せください。

2006年8月15日

PDJ編集部　小坂　直人

【著者紹介】

リック・ウォレン（Rick Warren）
アメリカ、カリフォルニア州オレンジ郡にあるサドルバック教会主任牧師。全米最大規模の同教会には、毎週末2万人を超える人々が集まる。聖書の原則の実生活への適用を重視し、誰もが直面する人生の諸問題に焦点を合わせたメッセージは、多くの人々の心をとらえている。本書の土台となっている The Purpose Driven Life（邦訳「人生を導く５つの目的～自分らしく生きるための40章～」PDJ刊）は、全米で3000万部を超える空前のベストセラーとなっている。2009年、米オバマ大統領の就任式では開会祈祷を務めた。

人生の目的を探る旅
What on earth am I here for?

著　者　リック・ウォレン
訳・編　PDJ編集部
発　行　2006年9月20日　初版発行
　　　　2013年6月1日　第4刷

発行者　小坂圭吾
発行所　パーパス・ドリブン・ジャパン（PDJ）
【本　社】〒176-0012 東京都練馬区豊玉北1-12-3
【出版部】〒216-0003 神奈川県川崎市宮前区有馬1-2-6-102
TEL&FAX 044-872-8705
E-mail:info@pdjapan.com
Website:http://www.pdjapan.com

印　刷　新生宣教団
装　丁　堅田和子
イラスト　織田正幸

ISBN978-4-902680-12-6　Printed in Japan
乱丁・落丁はお取り替えいたします。